AF188741

Pit Vogt

NEBELBRÜCKEN

Gedichte

Idee, Design & Layout: Pit

Alle Texte sind frei erfunden

Impressum

Herstellung und Verlag:
BoD - Books on Demand, Norderstedt ISBN

Nebel

Gedanken an die Zeit mit dir
Fort mit dem Nebel unsrer Zeit
Erinnerung an
Uns
Und
Wir
Und alles liegt so weit
So weit

Da war wohl Liebe
Irgendwann
Für ein Stück Weg
Es war mal so
Vielleicht ein Traum von
Frau und Mann
Dort, wo vom Wind
Manch´ Wunsch
Verweht

Gern denk ich an die Zeit zurück
Sie ist vorbei
Wie
Du
Und
Ich
Es bleibt vom Leben
Nur ein
Stück
Ganz leise schwebt ein Wort:
Verzeih

Einsamer Bahnsteig
Irgendwo
Kein Mensch
Nur ich
Und dein Gesicht
Für ein Stück Weg
Es war mal so
Wohl hats der Nebel
Fortgewischt

Lenny!
oder
Was?

Ein schmucker Mann
Mit schwarzem Haar
Grinst auf der Bühne
Recht verschmitzt
Hält einen Vortrag
Laut
Und
Klar
Weiß,
Was er will
Er ist kein Star
Jedoch sein Leben –
Echt,
Kein
Witz

Einst war er
Frau
Kennt sich da aus
Und wars doch nicht
Und wusstes nicht
Manchmal so klar
Dann kleine Maus
Oft einsam,
Elend,
Übler Graus
Im Spiegel Leere,
Kein Gesicht

Er hält den Vortrag über
Sich
Und schmunzelt rüber,
Einfach so
Die Jugend:
Scheußlich,
Fürchterlich
Mal Frau
Mal Mann
Mal widerlich
Mal ganz am Ende
Gar nicht froh

Wo andere gespielt,
Gelacht
Da hat er sich versteckt
Im Loch
Der Vater hat sich fortgemacht
Er schämte sich
Vorm Ungemach
Ihm blieb am End ein
Alptraum
Noch

Dann die OP
Ein harter Weg
Gekotzt
Geheult
Geflucht
Geschrien
Er wusste,
Wenn er weitergeht,
Wird alles anders,
Auch verdreht
Doch Umkehr hat da keinen Sinn

Schon mal gestorben
Irgendwann
Erwachsen aus manch´
Düsternis
Entstand aus Tränen
Frau
Und
Mann
Die Klarheit formte sich
Sodann
Denn es ist hell,
Nicht
Finsternis

Ein schmucker Kerl
Mit wildem Haar
Lebt auf der Bühne
Lacht mich an
Hält einen Vortrag
Klug
Und
Klar
Und nichts ist mehr
Wie es mal war
Ich find,
Er ist ein toller
Mann

Hologramm

Das Leben scheint ein Hologramm
Mal ziemlich klein
Dann wieder groß
Mal starrts mich friedvoll,
Ruhig an
Mal steckt es voller
Wut und Trotz

Ist greifbar vor mir
Dann auch nicht
Es dreht sich munter her und hin
Es schwebt im Herz und im
Gesicht
Und hat manchmal wohl keinen Sinn

Ich schau hindurch
Und seh doch nichts
Erkenne manchmal
Raum und Zeit
Es gleitet fort am Rand des Lichts
Hat eingesperrt mich
Und befreit

Ich selbst bin oft ein Hologramm
So schillernd lustvoll
Manchmal stumm
Mit Geistesblitzen, Mut
Sodann
Vielschichtig, bunt
Oft schief und
Krumm

Mein Hologramm des Lebens lacht
Es heult manchmal
Und schreit nach mehr
Jedoch egal,
Was es auch macht
Es wiegt mal leicht
Und manchmal schwer

Der Basti

Der Basti war ein schlechter Dichter
Von Gier nach Macht und Geld
zernagt
Er hatte mehrere Gesichter
Schrieb flachen Blödsinn,
Gar kein Dichter
Er schien tief in sich selbst vernarrt

Mit Lesetouren,
Spinnereien
Wollt er alsbald ganz hoch hinaus
Er wollt kein kleines Licht mehr bleiben
Und wollte scharfe Krimis schreiben
Und blieb dabei ´ne schwache Maus

Mit seinen seichten Krimi-Büchern
Fand er sich gut
Und ziemlich toll
Er tat recht einfach
Und recht schüchtern
Er war ein Mann mit zwei Gesichtern
Sein Größenwahn –
Wie wundervoll

So kaufte er ein Wohnmobile
Mit seinem Namen drauf,
Wie chic
Er wollte reich sein,
Schlau,
Mit Stile
Oft lächelte er cool und
Kühle
Und hatte damit sogar Glück

Die Film-Gesellschaft ließ sich blenden
Manch´ Thriller ward aus seinem Werk
Er tat sich groß und wollte spenden
Er gab das Geld mit vollen Händen
Nie wieder klein
So wie ein Zwerg

Er tourte durch die weiten Lande
Kassierte Leben und viel Geld
Auf mancher Lese-Show,
Am Rande
Da prahlte er von hohem Stande
Von seinem Reichtum,
Seiner Welt

Schlau sann er nach:
-Warum noch schreiben-
-Das tun jetzt andere für mich-
Flugs wollt er durch die Gegend reisen
In besten Restaurants nur speisen
Und Sexy-Feten
Sicherlich

Doch eines Tags als nass die Straßen
Da fühlte er sich hohl und leer
Manch´ Düsternis in Kopf und
Gassen
Er wollt nur heim
Das Reisen lassen
Und alles schien ihm schräg und
Quer

Burnout,
So hieß dies blöde Leiden
Es packte ihn an Tag und
Nacht
Er konnte nicht mehr denken,
Schreiben
Er wollt kein großer Star mehr bleiben
Der Reichtum hatte nichts gebracht

Das Wohnmobil verkauft, vergeben,
Erkannte er
Die echte Welt
Er wollte einfach nur noch
Leben
Ganz ohne Geld und
Krankem Streben
Und wieder spürn,
Was wirklich zählt

Daheim in seinem Haus,
Dem kleinen
Wo einst er Kind
Am Rand der Zeit
Da konnt er plötzlich wieder
Weinen
Da wollt bescheiden er nun bleiben
Gedichte schreiben,
Tief befreit

Krause

Man spricht nicht gerne über Krause
Und Korruption,
Das liegt uns fern
Wir feiern gern manch´ sexy Sause
Ansonsten kennt man niemals
Krause
Ansonsten fliegt man zu manch´ Stern

Man spricht nicht gerne über Krause
Ach, Dummheit kennen wir doch nicht
Wir fallen lieber auf die Schnauze
Das Volk ist dumm
Doch niemals
Krause
Das stört die Gier nach Macht doch nicht

Man spricht nicht gerne über Krause
Nein, Pöstchen schieben liegt uns fern
Wir schmieren schnell manch´
Graue Mause
Und Crystal gibt's dann in der Pause
So lässt sich manche Laus
Bekehrn

An jenem Krause gibt's kein Schnörkel
Und Faulheit, nein,
Die kennt der nicht
Manch´ Journalist:
Ein treues Ferkel
Man spricht nicht gerne über –
Krause
Der hat ein ehrliches Gesicht

Die Unbekannten

Man doktert hin
Man doktert her
Bekommt am Ende nichts mehr hin
Die Leute nehmens leicht und
Schwer
Nur stimmt am Ende gar nichts mehr
Wenn man nur zockt,
Ganz ohne Sinn

Die Unbekannten fühln sich toll
Beschließen her
Beschließen hin
Doch was sie tun, scheint dumm und
Hohl
Die Leute fühln sich nicht mehr wohl
Kaum eine Tat bringt den Gewinn

Man spaltet die Gesellschaft bald
Verständnis gibt's wohl nimmermehr
In jenem Land wards stürmisch kalt
Die Unbekannten sind schon alt
Und tief im Land wirds öd und leer

Was kommt da noch
Die Frage steht
Ist Flucht der beste Weg für mich
So vieles scheint vom Wind verweht
Und manch´ ein starker Recke geht
Der lässt dies Land alsbald im Stich

Die Unbekannten juckt das nicht
Die sehen nur noch Macht und Geld
Verloren scheint so manch' Gesicht
Weil irgendwann verlischt das Licht
Weil dann nichts mehr zusammenhält

Neue Zeit

Wer wird Chef des trüben Landes
Keiner weiß das so genau
Die Vertreter manchen Standes
Scharf am Rand des
Flächenbrandes
Man genießt die große Schau

Und man nutzt die freien Wahlen
Glaube an Veränderung
Und man zählt die letzten Zahlen
Geht's bald raus aus allen Qualen
Kommt das Land alsbald in Schwung

Doch da oben auf dem Schlosse
Haust man wild in
Saus und Braus
Ziemlich fest auf hohem Rosse
Legt die Hände man zum Schoße
Trickst eiskalt die Menschen aus

Mit Millionen Steuergeldern
Wird die „Wahl" flott korrumpiert
Gar nichts soll sich da verändern
Man verkündet in manch' Sendern
Das das Volk haushoch verliert

So bleibt auf dem Schloss da oben
Klüngel, Filz und alter Mief
Hasserfüllt und wuterfroren
Ächzt dies Land brach und
Verloren
Aller Glaube fällt recht tief

Pöstchen schiebt man rauf und runter
Speichellecker – Supermann
Und im Schloss wards immer bunter
Nur das Volk wird nicht gesunder
Immer schlimmer wird's sodann

Mietenwahnsinn,
Spekulanten
Geben längst die Richtung vor
Geld schmiert alles in den Landen
Ehrlichkeit scheint kaum vorhanden
Für die Menschen gibt's kein Ohr

Korruption in Amt und Würde
Hat das Land flugs ausgebremst
Mit Millionen – keine Hürde
Keine Schande,
Keine Bürde
Tot das Land,
Vergessen längst

Keiner traut sich, was zu sagen
Meinung wird schnell ausgeknipst
Niemand darf mehr fragen,
Klagen
Weil da oben, die,
Versagen
Wer laut denkt, ward Populist

Doch das Volk will nicht mehr leiden
Jenes Land braucht frischen Wind
Fort mit Klüngel,
Schmierereien
Weg mit Korruptions-Vereinen
Die schon lang am Ende sind

Und so kommt ein neuer Morgen
Auf dem Schloss gibt's Streit ums Geld
Plötzlich ist man dort in Sorgen
Weil das Schmiergeld knapp geworden
Plötzlich alle Macht zerfällt

Da, fernab von Gier und Klüngel
Formt die Zeit sich stark und
Neu
Fort das Schloss
Fort aller Schwindel
Fort das Schmiererei-Gesindel
Und das Volk ist endlich
Frei

Festgefahren

Hänge fest in meinem Leben
Wiedermal und
Immerzu
Wollt doch einfach weitergehen
Plötzlich ließ sich nichts mehr drehen
Um mich rum scheint Stille,
Ruh

Nichts geht vorwärts,
Nichts geht weiter
Auch zurück kommt gar nichts mehr
Ich kleb fest auf meiner Leiter
Und ich werde nicht gescheiter
Doch ich fühl mich gar nicht leer

Zwar sind riesig meine Träume
Seh sie vor mir,
Ziemlich nah
Und ich schweb durch Zauberräume
Doch es bleiben kahle Bäume
Nur noch Nebel,
Nichts mehr klar

Meine Schreie sind nur leise
Gott hört mich wohl längst nicht mehr
Festgefroren tief im Eise
Alles scheint nur blöd
Und scheiße
Jene Zeit:
Zu lang, zu schwer

Einen Ausweg gibt's mitnichten
Schweigend zieht manch' Ochs vorbei
Fern frohlockt so manches Früchtchen
Ich bin irre,
Kann nichts richten
Doch mir ist nichts einerlei

Klebe fest in meinem Leben
Auf der Kreuzung meines Seins
Welche Richtung soll ich nehmen
Trau mich einfach nicht zu gehen
Hab die Starre eines Steins

Ungeduld schießt durch die Adern
Bis ins Hirn,
Das hört nicht auf
Ach, ich will nicht länger hadern
Trotzdem ist was festgefahren
Nichts geht runter
Nicht geht rauf

Anders bin ich wohl geworden
Hab verändert mich recht stark
Bin noch lange nicht gestorben
Irgendwie ganz neu geboren
Wann nur kommt mein großer Tag

Datenkrake

Alle Daten hochgeladen
Wow, mein „Netz-Werk" schon
Frohlockt
Doch mein Netz scheint zu entarten
Irgendwas scheint schief geraten
Ich bin plötzlich ausgeloggt

Fort sind alle meine Daten
Nur das „Netz-Werk" zynisch grinst
Was für ein korrupter Laden
Weggesperrt sind -meine- Daten
Unbezahlt und
Unverzinst

Alles ist abrupt verschwunden
Ja, dies „Netz-Werk" stielt recht flink
Datenmissbrauch
Unumwunden
Alle Tage
Alle Stunden
Abgeschaltet jeder Link

Wofür braucht man meine Daten
Wofür bin ich interessant
Ach, mein „Netz-Werk" bringt nur Schaden
Kämpft mit Viren, Lügen,
Maden
Für ´ne dunkle Datenbank

Viele Menschen sind betroffen
Und das „Netz-Werk" klaut die Welt
Still und heimlich kommts gekrochen
Will den Daten-Sud sich kochen
Bis der Mist zusammenfällt

Längst verklagt man jenen Klüngel
Doch -die- sind milliardenschwer
Schmieren sich mit List und
Schwindel
Durch den Netzwerk-Daten-Himmel
Stehlen Daten
Kreuz und quer

Datenkraken sammeln emsig
Zuverlässig, klug und gut
Filtern alles
Recht beständig
Ich bin gläsern
Das ist trendig
Mittendrin im Daten-Spuk

Städte, Länder sprach- und machtlos
Bis der Datenmissbrauch platzt
Datenkraken raffen maßlos
Alle User starren ratlos
Haben Chancen längst verpasst

Doch es gibt noch eine Lösung:
Ich lösch meine Daten schnell
So entfällt manch´ Mist-Bescherung
So verfliegt so manch´ Empörung
Und mein Internet wird
Hell

Augen

Ich kenne deine Augen
Sie sind so traurig,
Ach
Sie scheinen fern vom Glauben
Es weinen diese Augen
Und denken ewig nach

Ich sah in deine Augen
Nur kurz
Am Straßenrand
Ob sie an etwas glauben
So ängstlich jene Augen
Tief drin sah ich den Brand

Mich trafen deine Blicke
Sie trafen scharf und
Schwer
Es war wie eine Bitte
So starke, tiefe Blicke
Sie waren gar nicht leer

Ich kenn den Blick,
Die Augen
Ich kenne sie genau
So nah sind wir am Glauben
Lebendig sind die Augen
Wohl sind sie wach
Und schlau

Fragen

Sag, was ist ein Volksvertreter
Jemand, der das Volk versteht
Der fernab vom Dumm-Gezeter
Was ist wohl ein Volksvertreter
Der die Meinung nicht verdreht

Sag, was ist ein Volksvertreter
Jemand, der für Wahrheit kämpft
Der vielleicht ein schlauer Lehrer
Ist das dann ein Volksvertreter
Der mit Wissen, Klugheit glänzt

Oder ist ein Volksvertreter
Jemand, der nur lügt und schmiert
Der kassiert,
Kein guter Lehrer
Ist korrupt ein Volksvertreter
Der nach tollen Pöstchen giert

Manchmal hab ich tausend Fragen
Fühl als „Volk" mich sehr allein
Ohne Antwort
All die Klagen
Keiner will die Wahrheit sagen
Und ich fühl mich wie ein Stein

Ja dann schweigt der Volksvertreter
Er ist fern
Und er scheint faul
Ist kein Lehrer
Und kein Geber
Ist nicht mehr der Volksvertreter
Hat nur noch ein großes Maul

Was ist dann ein Volksvertreter
Jemand, der mich nicht versteht
Der sich suhlt in Schlau-Gezeter
Der nichts tut
Kein Volksvertreter
Nach dem Wind den Mantel dreht
???

Nirgends seh ich Volksvertreter
Nirgendwo noch Ehrlichkeit
Krisen, Gier und Blöd-Gezeter
Zieren manchen „Volks-Vertreter"
Geld- und Machtgier
Krönt die Zeit
!!!

Verirrt

Immer öfter fragst du dich:
Wo geht's nur geradeaus
Ängstigst dich schon fürchterlich
Glaubst schon,
Jeder lässt dich da im Stich
Und du kommst hier nie mehr raus

Alles dunkel,
Alles taub
Kein Gefühl im Leibe mehr
Und wohin du immer schaust
Überall nur welkes Laub
Selbst dein Hirn wiegt tonnenschwer

Du hast dich total verirrt
Ein „Nach vorn" gibt's längst nicht mehr
Drehst im Kreis dich,
Arg verwirrt
Nein, dein Leben scheint verkehrt
Tag, Zeit, Hoffnung, alles leer

In dem dichten Nebelwahn
Hört wohl keiner mehr den Schrei
Wo nur ist die rechte Bahn
Fang noch mal von vorne an
Sonst ist alles schnell vorbei

Ob den Weg du finden wirst
Ist nicht klar
Du gibst nicht auf
Ob du alles bald verlierst
Ob du weiterkämpfen wirst
Niemand kennt den Lebenslauf

Optimismus

Die Tage kommen
Und sie gehen
Sind manchmal öde auch
Und schwer
Sind oftmals tot und ohne Leben
Dann will nichts mehr hören, sehen
Dann rettet mich wohl gar nichts mehr

Doch plötzlich aus der trüben Schwere
Tritt in die Seel Musik hinein
Auf einmal ist sie fort,
Die Leere
Es scheint wie eine Wetter-Kehre
Dann kann ich wieder fröhlich sein

So lerne ich am Tag,
Am Abend
-Wie- meine Seele sich erholt
Mit einem Song
Am Ton sich labend
Das triste Übel schnell begrabend
Kommt flugs ein neuer Glanz
Wie Gold

Dann kommen Tage
Und sie bleiben
Ach, selbst im Regen glitzerts toll
Ich hör Musik
Und kann sie schreiben
Und weiß, die Texte, ja,
Die bleiben
Mit einem Song
Ganz wundervoll

Ohne Worte

Und die Dummheit wächst noch weiter
Schon scheint's Mittelalter nah
Sind die Menschen nicht gescheiter
Sind wir alle in Gefahr

Irgendwann blieb mir die Frage:
Warum ist die Welt nur so
Korruption scheint eine Plage
Manch' Regierung scheint wie Stroh

Waffen sind allgegenwärtig
Krieg und Hass bestimmt die Welt
Rotlicht, Drogen,
Widerwärtig
Überall regiert das Geld

Armut, Not schon allerorten
Mietenwahn zersetzt manch' Stadt
Man jongliert mit großen Worten
Doch die Menschen haben's satt

Kinder gehen auf die Straßen
Weil das Klima langsam stirbt
Doch die Bonzen wollen prassen
Das Vertrauen längst verdirbt

Die da oben klüngeln weiter
Schieben Pöstchen hin und her
Nein, die werden nie gescheiter
Mit der Wahrheit sind sie quer

Wer Courage zeigt mit Würde
Wird als „Populist" geschmäht
Schließlich flott mit Lug und Bürde
Ward die Wahrheit flugs verdreht

Ein Minister zockt recht fröhlich
Die Milliarden sind schnell weg
Eitel ist er,
Tut recht löblich
Doch im Land kommt nichts vom Fleck

Und so fällt dies Land ins Dunkel
Weil man nichts verändern will
Und im Volk keimt dumpf Gemunkel
Und im Volk ist's nicht mehr still

Letztlich will man nur noch fliehen
Aus dem düsterhaften Land
Heimat ist nicht mehr zu finden
Nur ein übler
Flächenbrand

Der Fremde

Ein ziemlich dunkler Regentag
Ich war in einer Kirche
Wohl
Ich betete so manche Frag
Und hatte auch so manche Klag
Und jedes Wort verklang nur hohl

Da ging die Türe auf sodann
Ein Mann in Schwarz trat wortlos ein
Es war ein unbekannter Mann
Er lief zum Altar irgendwann
Sein ganzes Antlitz schien so rein

Lang schaute er sich schweigend um
Der Pfarrer kannte ihn wohl nicht
Die Zeit verging,
Leis bliebs und stumm
Doch schwang ein leises Wort:
Warum
In seinen Augen spielte Licht

Ernst blinzelte nach oben er
Begann ein Lied zu singen, ach
Ein leiser Song,
Der gar nicht schwer
Im Herzen ward es nicht mehr leer
Zog in die Welt,
Durchs Kirchendach

Das Lied verklang
Der Fremde schwieg
Dann schritt er langsam,
Still hinaus
Es war ein wundersames Lied
Das lang in meiner Seele blieb
Es war so fern von
Saus und Braus

Als jemand nach dem Fremden sah
War er lang fort
Und nirgends mehr
Das Lied war aus
Und noch so nah
Doch niemand mehr den Fremden sah
Wer war das nur
Wo kam er her

Seitdem sing ich zum Gott-Gebet
Ein leises Lied vorm
Altarbild
Ich hoffe,
Dass Gott mich versteht
Der Fremde schien
Vom Wind verweht
Doch hat die Seel er mir
Erfüllt

Rinnsal

Ich bin am See der alten Zeiten
Es ist so still
Kein Lüftchen weht
So gern wollt' ich dort ewig bleiben
An jenem See der Lebens-Zeiten
Wo alles Dasein man versteht

Ein kleines Rinnsal plätschert leise
Wohl nimmts die Lebensjahre mit
Tief in mir drin
Ne alte Weise
Mein Leben war wohl laut und
Leise
Es ging mal gut, mal schlecht
Dahin

Da wollt ich viel
Manchmal zu heftig
Manch' Traum verging
Da blieb nicht viel
So manche Reue ward recht deftig
Durch alle Widerstände,
Heftig
Und manchmal wars ein böses Spiel

Oft stand ich plötzlich ganz allein da
Weil keiner mehr geholfen hat
Doch, wies auch oftmals ziemlich schlecht war
War meine Mama stets für mich da
Gemeinsam schafften wir das Schlimme
Ab

Wir beide halten fest zusammen
Ich brauch dich sehr
Ich hab dich gern
Durch hohe Wasser,
Wilde Flammen
Da halten wir ganz fest zusammen
Ich denk an dich in
Nah und
Fern

An diesem See der alten Zeiten
Wird's langsam Nacht
Kein Lüftchen weht
So gern wollt ich hier ewig bleiben
Ich denk an all die bunten Zeiten
Dann geh ich heim
Und weiß
Ich leb

Wie ein Stein

Bin wie ein Stein auf dieser Welt
Bedeutungslos
Und irgendwo
Ein Stück der Zeit
Die nicht lang hält
Ein kühler Stein auf dieser Welt
Egal ob traurig oder froh

Bin wie ein Stein in der Natur
Geschliffen auch
Vom wilden Strom
Bin von der Welt ein Stückchen nur
Auf einem Platz
In der Natur
Egal ob ehrlich
Oder Hohn

Bin wie ein Stein
So ehern da
Manchmal zu hart
Manchmal zu schwer
Und wie ich´s sehe
Oder sah
Bin ich als Mensch kein Stein fürwahr
Und meine Seel ist auch nicht
Leer

Düsternis

Düsternis klebt in der Stadt
Wo du harrst,
Wo´s nichts mehr hat
Einsamkeit und Starre nur
Und dein Wunsch verhallt so stur

Du willst fort aus diesem Nest
Wo die Zeit gefahren fest
Wo die Dummheit kriecht ums
Eck
Wo die Nachbarschaft wie Dreck

Abscheu lähmt den Leib
Den Sinn
Dieses Kaff ist kein Gewinn
Ängste lähmen deinen Geist
Der längst in die Ferne
Streift

Warum straft dich Gott nur so
Warum bist du nicht mehr froh
Warum kommst du hier nicht fort
Warum dieser miefig´ Ort

Eine Antwort gibt es nicht
Schweigen nur
Und kaum ein Licht
Dunkle Straßen,
Regennass
Tränensang
Und welkes Gras

Eines Tages aber dann
Ziehst du deine Jacke an
Steigst ins Auto
Und hast Mut
Und fährst los
Und es wird gut

Mein Glaube

Mein Glaube schwankt mal hin,
Mal her
Ich fühle mich mal leicht,
Mal schwer
So wie mein Sinn,
Er schwankt dahin
Ist kein Gewinn,
Flieht drüber hin
So oft fühl ich mich ziemlich leer

Mein „Amen" ist noch viel zu leis
Ich weiß nicht,
Wie ich schreien soll
Ich weiß manchmal nicht
Was ich weiß
Und alles „Amen" gähnt zu leis
Und manch´ ein Traum
Bringt Angst
Und
Schweiß

Mein Segen scheint noch viel zu weit
Ich seh ihn nicht
Ich fühle nichts
Und überall droht
Einsamkeit
Warum allein
Und nicht
Zu zweit
Warum so fern des hellen Lichts

Mein Glaube schwankt mal her,
Mal hin
Ich fühle mich mal schlau,
Mal dumm
Wo ist des Daseins bester Sinn
Wo ist nur Gott
Wo sein Gewinn
Schau mich im Zimmer suchend
Um

Böser Wolf

Der böse Wolf ist wieder da
In Feld und Wald
Und ziemlich nah
Er ist ein Raubtier
Das scheint klar
Und manche Angst
Droht von
Gefahr

Er reißt manch´ Herdentier
Im Land
Hat uns gewiss schon längst erkannt
Doch keinen kümmerts
Und man schweigt
Weils nicht sein darf
In jener Zeit

Den Wolf kennt man vom
Märchenland
Doch hier ist er wohl kaum bekannt
Noch reißt er Herden nur
Manch´ Schaf
Noch scheint der Mensch in tiefem
Schlaf

Doch was,
Wenn er im Hungerwahn
Ein Menschenkind visiert scharf an
Schläft man dann weiter
Lacht man noch
Erzählt vom Märchenland man noch
???

Man zuckt die Schultern
Und schaut weg
Die Bonzen kommen nicht vom Fleck
Man schimpft auf jene bösen Leut´
Die warnend rufen,
Was nicht freut

Als grauer Wolf kommt er voran
Die Rudel werden mehr
Sodann
Ihn kümmert all die Dummheit nicht
Er hat kein Bös- und
Gut-Gesicht

So zieht er hungrig durch dies Land
Doch hat er uns schon längst erkannt
Er bleibt ein Raubtier
Das nicht brav
Und jagt manch´ dummes
Träges Schaf

Phäsalis

Tränke deinen Geist in mir
Geh mit Gott konform
Werde nicht zum Hass
Zum Tier
Bleib allein nicht
Komm zum
Wir
Sei jetzt ohne Zorn

Tränke deine Lust in mir
Gott will nur dein Glück
Sei nicht da,
Nicht dort,
Nur hier
Leb dein Leben
Ohne Zier
Hör nun auf mein Wort

Tränke deine Hand in mir
Gott will deine Tat
Renn nicht wie ein wilder Stier
Gib nicht nach
Der zähen Gier
Hör auf meinen Rat

Tränke dich in meinem Leib
Gott ist tief in dir
Wisse, du bist bald befreit
Deine Träume sind nicht weit
Bei Phäsalis
Jetzt
Und
Hier

Und man klopft sich auf die Schulter
Für den Mist,
Den man verzapft
Mit dem Land geht's weiter runter
Doch man feiert feucht und munter
Und man schmort im eignen Saft

Gottgleich fühlt man sich
Und mächtig
Geld und Schampus
Überfluss
Doch das Volk fühlt sich nur schmächtig
So manch´ Lemming ward schon
Trächtig
Und im Volk grassiert Verdruss

Dunkles Land

Die da oben schwätzen weiter
Und sie plappern täglich Mist
Sind nicht schlau
Sind nicht gescheiter
Land und Leben: nicht mehr heiter
Weil dies Land am Abgrund ist

Drogenstädte sind die Regel
Wer nicht dealt, den stößt man raus
Wer nicht streicht ganz schnell die Segel
Wer nicht säuft bis übern Pegel
Mit dem ist es bald schon aus

Keiner traut sich mehr zu kämpfen
Keiner hat mehr wirklich Mut
Jeder will mit Geld nur glänzen
Niemand will den Dreck bekämpfen
Und es gärt
Das böse Blut

Rotlichtgrößen,
Kriminelle
Geben längst die Töne an
Willst du Sex mal auf die Schnelle
Kriegst du ihn an jeder Ecke
Geld regiert hier Frau und Mann

Lug und Trug und Schwindeleien
Prägen jenes dunkle Land
Wichtigtuer, die laut schreien
Die kassieren, gierig bleiben
Fördern all den Flächenbrand

Wahrheit wird flugs totgetreten
Wer nicht spurt,
Ist Populist
Und man brüllt:
„Liebt uns, nicht jeden"
Und ansonsten hilft nur beten
Weils sonst schnell zu Ende ist

Da, so manch´ ein Dieb,
Betrüger
Lügt und kauft mit Geld sich frei
Pöstchen für korrupte Schieber
Assis brüllen frohe Lieder
Hoch lebt jede Sauerei

Und es stinkt in allen Straßen
Weil nur noch das Geld regiert
Mancher Mob schmiert durch die Gassen
Und die Menschen pöbeln,
Hassen
Wer nicht keift,
Der schnell verliert

Das Niveau sinkt immer weiter
Alle Klugheit ward zerstört
Und das Volk wird nicht gescheiter
Und im Land wirds nicht mehr heiter
Hier im Land läuft was
Verkehrt

Klüngel

Und sie haben viel versprochen
Doch man hat sie nie gewählt
Und sie haben viel verbrochen
Viel gelogen
Viel gequält

Und das Volk ward arg beschissen
Weil von dem man gar nichts hält
Schampus säuft man ganz beflissen
Hey, was kümmert -die- die Welt

Und sie schieben, korrumpieren
Stecken sich die Taschen voll
Alles Volk wird da verlieren
Deren Leben ist nicht toll

Und sie schmieren mit Milliarden
Klüngeln sich durch Macht und Zeit
Dort, wo Hoffnung, Wünsche waren
Bleibt dem Volk nur
Hass und Leid

Mancher Spinner keift bedrohlich
Korrumpiert und schmiert und lügt
Seine Macht: längst illusorisch
Weil den niemand braucht
Und liebt

Ein Minister zockt recht gierig
Schon sind zehn Milliarden weg
Dabei fühlt er sich manierlich
Diebstahl ist für den ein Gag

Flott vereidigt manch´ Betrüger
Der nichts kann
Der stiehlt
Nur prasst
Schnell das Pöstchen für den Schieber
Korruption ist keine Last

Alle Pöstchen gut verschoben
Scheiß auf Wahl und Ehrlichkeit
Soll das Volk doch schimpfen,
Toben
Hoch klüngelt die Obrigkeit

Und sie wissen nicht, wann Schluss ist
Ihre Korruption schon mieft
Und so kleben sie am Thron fest
Bis das Land stöhnt
Schräg und schief

Wann vertreibt man die Korrupten
Solch ein Klüngel ist nur Dreck
Wo sich Macht und Gier verpuppen
Ist längst das Vertrauen weg

Gedanke

Einst großer Traum
Einst die Vision
Für jeden Menschen dieser Welt
Doch längst dahin
Mit wenig Sinn
Ein Menschrecht heut nicht mehr zählt

Das Geld regiert
Des Menschen Geist
Und Armut kriecht durch diese Welt
Regime knechten
Fern von Rechten
Ein Menschenrecht heut nicht mehr zählt

Gespaltenes Volk
Kaum Lachen noch
Der Traum vom Glück im Nichts zerschellt
Manch´ Kriege auch
Manch´ Hungerbauch
Ein Menschenrecht heut nicht mehr zählt

Billionen
In den Sand gesetzt
Doch blieb den Dieben alles Geld
Und zwischen Scherben
Kinder sterben
Ein Menschenrecht heut nicht mehr zählt

Wer hört noch zu
Dem Friedenslied
Wer glaubt noch an die bessre Welt
Wann stirbt die Erde
Die Beschwerde
Ein Menschenrecht heut nicht mehr zählt

Ich schau mich um
Zum Horizont
Kein Gott, der zu uns Menschen hält
Im All so klein
Der Erdenschein
Wo manches Recht wohl ewig zählt

Ein Stückchen Hoffnung

Es war am Rand der großen Stadt
Da lebte er mit sich allein
Dort, wo die Welt nichts Warmes hat
Hat er gelebt, allein, nicht satt
Er wollt es nicht
Es musste sein

So manchen Joint am Morgen schon
Den er gefunden irgendwo
Er triebs mit manchem Hurensohn
Für wenig Geld
Was macht das schon
Ein Stückchen Leben
Oder so

An einem Tag, der anders schien
Fand er den Mann
Der ihm gefiel
Er zog mit ihm mal her,
Mal hin
Es machte alles einen Sinn
Vielleicht war das sein neues Ziel

Der fremde Kerl hat ihn gemocht
Er fand ihn lustig sicherlich
Er hatte ihm mal was gekocht
Dort, wo der Specht ins Holze pocht
Da sagte er: "Ich liebe dich"

In seinen Armen träumte er
Von manchem Glück
Vom fernen Land
Mit diesem Mann ans blaue Meer
Ein Stückchen Leben, das nicht leer
Ein bisschen nur die fremde Hand

Doch irgendwann als Regen fiel
War jener Fremde plötzlich fort
Und wieder neu
Das alte Spiel
So arm und einsam, ohne Ziel
An einem kalten, stillen Ort

Ein Stückchen Hoffnung war da noch
Er dachte an den Fremden oft
Das hielt ihn fern
Von manchem Loch
Das schmolz dahin ganz sacht jedoch
Manch´ Träne aus den Augen tropft

Bald zog er weiter seinen Weg
Am Rand der Stadt mit seinem Joint
So Vieles schien vom Wind verweht
Sein Leben wohl total verdreht
Auf keiner Suche nach ´nem Freund

Ein Husten quälte plötzlich stark
Das Blut lief ihm aus Nas´ und Mund
Der Hölle nah an Nacht und Tag
Er hielt sich noch
Hat nicht geklagt
Sein Leib so krank
Die Seele wund

Halbtot und schwer
Fast wie ein Stein
Versank er unterm Blätterdach
Am Rand der Stadt
So sollt es sein
Nur er, sein Traum, der Mondenschein
Noch nie war er so hell und wach

Es war am Rand der kalten Stadt
Als er die Augen leise schloss
Dort wo der Wald noch Träume hat
Verschwand er still
Vom Leben matt
Ein Stückchen Hoffnung
Gar nicht groß

Im Leben

Im Leben zwischen Drin und Draußen
Bist du allein
Und denkst so viel
So gern willst du nach vorne brausen
Mit einer Harley westwärts sausen
Dein Leben leben wie ein Spiel

Doch siehst du, wie sich Fremde küssen
Das Glück ist dort
Ist nicht bei dir
Du willst dir deinen Tag versüßen
Doch siehst du Unkraut vor dir sprießen
Warum nur, fragst du, bist du hier

Enttäuscht fliehst du in tiefsten Schatten
Du fühlst verlassen dich vom Glück
Dort, wo sich andre fanden, hatten
Beachten dich nur Mäuse, Ratten
Und du vergehst so Stück um Stück

Was bleibt dir noch von diesem Leben
Was bleibt dir da von Nacht und Tag
Du hast doch auch so viel zu geben
Du wolltest gern im Himmel schweben
Der dir noch nie zu Füßen lag

Ein Leben zwischen Harren, Weinen
Du willst nur fort
Wohin – egal
Ein Herz voll Tränen, schweren Steinen
Ein Traum vom Glück, dem großen, kleinen
Der Weg des Lebens ist oft schmal

Vielleicht ist mancher Blick zu gerade
Vielleicht schaut man zu selten hin
Da blüht was vor dir, keine Frage
Schau nur nicht weg
Es wäre schade
Es ist nicht schwer
Und es macht Sinn

Das Leben geht oft krumme Wege
Durchs Feuer mal
Durch manchen Sturm
Ruh dich nicht aus und sei nicht träge
Und spring mal ab vom festen Stege
Und spring mal ab von deinem Turm

Ohne Titel

Hör nur ja nicht auf zu träumen
Wenn du auch nicht träumen kannst
Heul dich nicht zu fernen Räumen
Lerne wieder neu zu träumen
Träume jetzt
Besieg die Angst

Hör nur ja nicht auf zu hoffen
Wenn du auch nicht hoffen kannst
Ach, so manche Chance ist offen
Lerne wieder neu zu hoffen
Wenn du auch sehr oft noch bangst

Hör nur ja nicht auf zu leben
Weil du noch nicht sterben willst
Darfst nicht an manch′ Altem kleben
Lerne endlich neu zu leben
Weil im Herz du noch was fühlst

Veränderung

Im Spiegel eines Abends da
Glaubte ich nicht,
Was ich sah
Zwei dicke Tränen auf den Wangen
Nach einem Tag, dem schweren, langen

Ich dachte an das ferne Glück
Das fort war, eh ich's sah verzückt
Es floh tagtäglich aus dem Leben
Es wollt nicht bleiben
Es wollt gehen

Stets fragte ich, wieso 's so ging
Warum so schief der Lebenssinn
Doch nie gabs Antwort auf die Fragen
Und alles blieb an allen Tagen

Ich machte sauber, Essen, Bett
Der Tag verging mal gut, mal nett
Doch fehlten da zwei fremde Hände
Die mir gezeigt, was ich noch fände

So oft sah ich manch' fremdes Glück
Und sah mein Pech, mein Missgeschick
Dann bin ich schnell davongegangen
Weil deren Glück ich nicht ertragen

In einer Kirche irgendwann
Sah lieb ein Engelchen mich an
Es schien mir wohl recht klug zu sagen
Ich sollt es jetzt und endlich wagen

Da fuhr in mich hinein ein Blitz
Es zuckte überall
Kein Witz
Er stieß mich um, wie auch mein Leben
Nie mehr sollt ich an Altem kleben

Und plötzlich ward so vieles klar
Es sollt nicht sein wie es mal war
Ich sollt vielmehr was anders machen
Ich sollt was tun
Sollt endlich lachen

Ach ja, es fanden mich zwei Hände
Die stießen ein die grauen Wände
Und diesmal wars kein böser Trick
Es blieb bei mir
Das große Glück